Bildnachweis

Creativ collection: 55

Eisl: 19, 35, 39, 43, 49, 53, 69, 73

MEV: 27

Moser Sauerkraut: 65

Photo Alto: 31 (Isabelle Rozenbaum & Frédéric Cirou)

Peter Bárci, Wien: 76

Peter Schweiger, Wien: Vor- und Nachsatz, 5, 9, 10, 12, 23, 44, 59, 81

ISBN 3-7088-0376-0

Autorin Renate Stix

Cover-Foto Peter Schweiger, Wien

Grafik,
technische Bearbeitung Hubert Liebenberger, Kneipp-Verlag

Druck Theiss GmbH, A-9431 St. Stefan
Printed in Austria

1. Auflage, April 2006

Renate Stix

Einkochen

Die 50 besten Rezepte für Beeren, Obst und Gemüse

Inhalt

Obst und Beeren – süß und gesund

Gemüse – sauer und pikant

Drinks – fruchtig und geistig

Verwendete Abkürzungen:

EL ... Esslöffel
TL ... Teelöffel
l ... Liter
ml ... Milliliter
cl ... Zentiliter
dl ... Deziliter
g ... Gramm
Pkg. ... Packung

Einleitung

Die Ernte war reichlich und Sie möchten die Köstlichkeiten des Gartens auch in den folgenden Monaten genießen? Konservieren Sie die Gesundheit! Selbst gemachte Marmelade mit den verschiedensten Früchten schmeckt doch immer am besten. Eingelegtes und eingekochtes Gemüse ist nicht nur vitaminreich und gesund, es lässt sich auch wunderbar zum Sonntagsbraten, zum Grillfest oder einfach zur Jause servieren. Selbst gemachter Sirup ist unvergleichlich fruchtig und ergibt, etwa aufgegossen mit Mineralwasser, ein gesundes Erfrischungsgetränk. Ein hübsch dekoriertes Glas mit selbst eingekochter Marmelade oder gefüllt mit eingelegtem Gemüse, das Sie vielleicht frisch in Ihrem Garten geerntet haben, ist immer eine nette Aufmerksamkeit oder ein ideales Mitbringsel.

Danke den Einsendern!

Die Rezepte in diesem Buch stammen von Leserinnen und Lesern der Kneipp-Zeitschrift. Ihnen allen ein herzliches Danke für Ihre Küchengeheimnisse. Diese Sammlung enthält Nährwertangaben zu allen Rezepten und zahlreiche Gesundheits-, Zubereitungs- und Serviertipps.

Blicken Sie in fremde Kochtöpfe – Sie werden staunen, wie variantenreich Eingekochtes sein kann.

Tipps zum Einkochen

Heute gibt es eine Vielzahl an verschiedenen Formen von Gläsern, die sich zum Einkochen eignen. Besonders bewährt haben sich vor allem bei der Marmeladen- und Geleezubereitung Gläser mit Drehverschlüssen (Twist-off-Deckel). Diese sind besonders leicht zu handhaben und bieten eine hohe Verschlusssicherheit.

Für das Konservieren durch Hitze, z. B. im Einkochtopf, gibt es spezielle Einkochgläser in unterschiedlichen Größen. Kontrollieren Sie vor der Verwendung immer den Zustand der Gläser. Abgeschlagene Ränder und poröse

Gummidichtungen verhindern einen sicheren Verschluss der Gläser.

Nicht nur die verwendeten Lebensmittel, sondern auch alle Geräte, die Sie für das Einkochen benötigen, müssen gründlich gereinigt und sauber sein.

Verwenden Sie immer frisches Obst und Gemüse von sehr guter Qualität und bereiten Sie immer nur so viel zum Einkochen vor, wie Sie auch an einem Tag verarbeiten können.

Bei eingelegtem und eingekochtem Gemüse kann man durch die Wahl eines guten und qualitativ hochwertigen Essigs Salz sparen. Die Zugabe von verschiedenen Kräutern, je nach Geschmack, erhöht den gesundheitlichen Wert. Probieren Sie es doch ganz einfach aus!

Methoden der Konservierung

Konservieren durch Hitze („im Dunst kochen", Sterilisieren, Einwecken, Einrexen)

Gemüse und Obst werden durch das Erhitzen von Mikroorganismen, die Schimmel oder Fäulnis auslösen, befreit.

Das Gemüse bzw. Obst wird in fest verschlossenen Gläsern im Wasserbad durch Hitze haltbar gemacht. Das kann durch entsprechende Geräte (Einkochapparat, Einkochtopf) oder auch ganz einfach in der Backröhre des Herds erfolgen. Die speziellen Einkochgläser, in die Sie das Gemüse oder Obst zum Konservieren geben, müssen gleich groß sein. Schichten Sie die Gläser so in einen Topf bzw. in eine Pfanne, dass diese sich nicht berühren. Füllen Sie den Topf bzw. die Pfanne zu einem Viertel mit Wasser und schieben Sie den Topf, die Pfanne, mit den darin befindlichen Gläsern auf die unterste Schiene der Backröhre. Erhitzen Sie nun den Backofen und bringen Sie das Wasser und damit auch die Flüssigkeit in den Gläsern leicht zum Köcheln.

Ebenso können Sie auf dem Herd mit einem großen Topf das Gemüse oder Obst sterilisieren. Füllen Sie dazu einen Topf zu einem Viertel oder auch zur Hälfte mit Wasser. Stellen Sie die Gläser in das Wasser und bringen Sie dieses leicht zum Kochen. Geben Sie den Deckel auf den Topf – die Gläser müssen „im Dunst stehen". Bei Temperaturen zwischen 75 und 95 °C wird das Gemüse, das Obst eingekocht. Beachten Sie immer die Zeitangaben in den Rezepten bzw. in der Bedienungsanleitung Ihres Einkochgerätes.

Konservieren in Essigwasser

Zum Haltbarmachen in einer Essig-Lösung eignet sich besonders hochwertiger Wein- und Obstessig, aber auch Apfelessig. Die Säure macht das eingelegte Gemüse haltbar, deshalb ist es wichtig, die genauen Angaben in den Rezepten zu befolgen und die Essigmenge nicht zu verringern. Nach etwa 2 Wochen kann das eingelegte Gemüse probiert werden.

Nach einem Monat kühler Lagerung hat sich der Geschmack des Eingelegten voll entfaltet. Im Kühlschrank sind geöffnete Gläser mit in Essig eingelegtem Gemüse etwa 2 Wochen haltbar. Die Essig-Lösung sollte das Eingelegte dabei immer bedecken.

Haltbarmachen mit Olivenöl

Das Olivenöl wird zum Abschließen der Gläser genutzt. Das Eingekochte sollte damit bedeckt werden.
Beachten Sie, dass dieses Olivenöl zu den Nährwertangaben der entsprechenden Rezepte dazugerechnet werden muss. 1 Esslöffel Olivenöl enthält 10 Gramm Fett und 88 kcal.

Konservieren mit Zucker

Diese Art der Konservierung wird bei **Marmeladen und Gelees** angewandt.

Bei der Herstellung von Marmeladen und Gelees ist auf Folgendes zu achten: Die Gläser und Verschlüsse müssen besonders gut gereinigt sein. Es besteht weiters die Möglichkeit, z. B. die Deckel durch Spülen mit Alkohol zusätzlich keimfrei zu machen.
Beim Kochen der Früchte kann sich Schaum bilden. Dieser muss abschöpft werden, da er den Geschmack der Marmelade beeinträchtigt. Die heiße Fruchtmasse wird sofort in die Gläser gefüllt und diese danach gut verschlossen.
Anschließend werden die Gläser für einige Minuten auf den Deckel gestellt, um den Behälter weitgehend luftdicht abzuschließen. So wird Schimmelbildung vermieden.

Mit den heutigen Gelierhilfen ist es möglich, die Beigabe von Zucker auf ein Minimum zu reduzieren, und gleichzeitig den vollen Fruchtgeschmack zu entfalten. Beachten Sie bitte, dass eine geringere Zuckerbeigabe die Schimmelanfälligkeit erhöht und sich so auf die Haltbarkeit auswirkt.

Gelierprobe:
Einen Tropfen Marmelade auf einen Teller geben. Geliert der Tropfen und fließt dieser nicht mehr auseinander, ist die Marmelade fertig.

Zur Lagerung

Das Eingekochte und Eingelegte sollte immer kühl und ohne direkte Sonneneinstrahlung, am besten dunkel, gelagert werden.

Viele haltbare Lebensmittel enthalten eine nicht geringe Anzahl an Zusatzstoffen, Geschmacksverstärkern, Farbstoffen, künstlichen Aromen, Konservierungsmitteln und Ähnlichem.

Selbst Eingekochtes gibt Ihnen die Garantie zu wissen, was Sie essen. Gleichzeitig können Sie Ihr bevorzugtes Obst und Gemüse auch Monate nach der eigentlichen Reifezeit immer wieder genießen. Folgen Sie Ihren Vorlieben und variieren Sie die verschiedenen Rezeptvorschläge.

Alle Einkochrezepte in diesem Buch sind wahre Köstlichkeiten – einfach in der Zubereitung und großartig im Geschmack.
Gutes Gelingen!

Obst und Beeren

süß und gesund

Apfel-Limetten-Gelee

4 Portionen

4 große Äpfel
1 Limette
1/8 l Weißwein
2 EL Zucker
1 Prise Zimt
2 Blatt Gelatine

Zubereitungszeit:
20 Minuten

Kühlzeit:
3 Stunden

Nährwerte
pro Portion (209 g):

Kalorien	136
Eiweiß	1,3 g
Fett	1,3 g
Kohlenhydrate	23,3 g
Ballaststoffe	2,9 g
Broteinheiten	1,9
Vitamin A	0,01 mg
Vitamin C	29 mg
Vitamin E	0,7 mg

Äpfel waschen, aushöhlen, Kerngehäuse entfernen, restliches Fruchtfleisch klein schneiden.

Limette auspressen, mit den Apfelstücken vermengen.

Weißwein, Zucker und Zimt aufkochen, Gelatine einrühren, Apfelstücke mit dem Saft unterrühren.

In die ausgehöhlten Äpfel füllen und 3 Stunden im Kühlschrank gut kühlen.

GESUNDHEITSTIPP:

Äpfel liefern Magen und Darm reichlich Ballaststoffe, regulieren das Wachstum der Darmflora und kurbeln die Verdauung an. Getrocknete Apfelringe sind besonders reich an Kalium für Nerven, Muskeln, Darm und Herz.

Apfelgelee mit Zimt

80 Portionen

2.000 g Äpfel
1.000 g Gelierzucker
1 Zitrone
Zimt

Zubereitungszeit:
40 Minuten

Haltbarkeit:
ca. 12 Monate

Zubereitungstipp:
Als Soße für Nusspudding verwenden. Dazu 3 EL Apfelgelee mit 6 EL Rum (oder Wasser) vermengen!

Nährwerte
pro Portion (25 g):

Kalorien	58
Eiweiß	0,1 g
Fett	0,1 g
Kohlenhydrate	14 g
Ballaststoffe	0,02 g
Broteinheiten	1,2
Vitamin A	0,001 mg
Vitamin C	1,1 mg
Vitamin E	0,066 mg

Die Äpfel mit dem Entsafter entsaften – es sollte ein Liter Apfelsaft gewonnen werden. Den Apfelsaft (1 Liter) mit dem Gelierzucker und dem Saft der Zitrone vermengen und aufkochen lassen. Etwa 5 Minuten kochen lassen und etwas Zimt (je nach Geschmack) hinzugeben. Das Gelee sofort in die vorbereiteten Gläser füllen und fest verschließen. Umdrehen und 5 Minuten auf dem Deckel stehen lassen.

GESUNDHEITSTIPP:

Äpfel aus heimischem Anbau sind nicht nur hervorragende Vitaminspender, sondern auch wertvolle Ballaststofflieferanten. Nicht umsonst heißt es: „One apple a day keeps the doctor away!"

„Beerenstark und würzig“

Heidelbeeren und Wacholderbeeren

50 Portionen

1.000 g Heidelbeeren
12 Wacholderbeeren
1/4 l Wasser
500 g Gelierzucker 2 : 1

Zubereitungszeit:
ca. 40 Minuten

Haltbarkeit:
12 Monate

SERVIERTIPP:
Hervorragend zu Wildgerichten geeignet!

Nährwerte pro Portion (25 g):

Kalorien	47
Eiweiß	0,1 g
Fett	0,1 g
Kohlenhydrate	11,2 g
Ballaststoffe	0 g
Broteinheiten	0,9
Vitamin A	0,001 mg
Vitamin C	2,8 mg
Vitamin E	0,325 mg

Die Heidelbeeren waschen und mit zerdrückten Wacholderbeeren und 1/4 l Wasser aufkochen, bis die Beeren platzen und Saft ziehen. Auf einem Sieb oder Tuch abtropfen lassen. 750 ml Fruchtsaft abmessen (eventuell mit wenig Wasser auffüllen) und mit dem Gelierzucker in einem Topf zum Kochen bringen. Die heiße Masse in Gläser füllen, verschließen, umdrehen und einige Minuten auf dem Deckel stehen lassen.

GESUNDHEITSTIPP:

Der blaue Farbstoff der Heidelbeere gehört zur Gruppe der sekundären Pflanzeninhaltsstoffe, die eine besondere Bedeutung in der Krebsvorbeugung haben. Weiters macht der blaue Farbstoff die Augen fit – man sieht in der Nacht besser.

Wacholder wirkt entwässernd. Bei eingeschränkter Nierenfunktion nicht verwenden!

Birnen-Preiselbeer-Marmelade

60 Portionen

400 g Preiselbeeren
600 g Birnen
500 g Gelierzucker 2 : 1

Zubereitungszeit:
1 Stunde

Haltbarkeit:
12 Monate

Zubereitungstipp:
Auch Äpfel oder Zwetschgen (Pflaumen) eignen sich hervorragend für diese Marmelade.

Nährwerte pro Portion (25 g):

Kalorien	41
Eiweiß	0,1 g
Fett	0,1 g
Kohlenhydrate	9,9 g
Ballaststoffe	0,5 g
Broteinheiten	0,8
Vitamin A	0,001 mg
Vitamin C	1,3 mg
Vitamin E	0,106 mg

Die Preiselbeeren mit wenig Wasser vorkochen, abkühlen lassen und zerdrücken.

Die geschälten und entkernten Birnen durch die Fleischmaschine drehen. Mit dem Preiselbeer-Mus vermengen, den Gelierzucker einrühren und das Ganze zum Kochen bringen. Vier Minuten sprudelnd kochen lassen. Heiß in Gläser füllen und diese gut verschließen. Die Gläser umdrehen und 5 Minuten auf dem Deckel stehen lassen.

GESUNDHEITSTIPP:

Birnen liefern unserem Organismus Vitamin C, reichlich Mineralstoffe sowie vor allem das Spurenelement Phosphor, das uns geistig jung erhält und das Gehirn auf Hochtouren bringt.

Die Preiselbeere wurde in letzter Zeit besonders genau untersucht. Ihre Wirkstoffe helfen vor allem vorbeugend gegen Blasenentzündungen.

Brombeer-Ananas-Marmelade

61 Portionen

650 g Brombeeren
250 g frische Ananas
500 g Gelierzucker 2 : 1
1/8 l Campari

Vorbereitungszeit:
24 Stunden

Zubereitungszeit:
30 Minuten

Haltbarkeit:
12 Monate

Zubereitungstipp:
Kann auch ohne Alkohol zubereitet werden.

Nährwerte
pro Portion (25 g):

Kalorien	43
Eiweiß	0,1 g
Fett	0,1 g
Kohlenhydrate	9,4 g
Ballaststoffe	0,7 g
Broteinheiten	0,8
Vitamin A	0,005 mg
Vitamin C	2,2 mg
Vitamin E	0,079 mg

Die Brombeeren verlesen. Die Ananas schälen – dabei die „Augen" entfernen. Das Fruchtfleisch fein würfeln. Beeren und Ananas in einer Glasschüssel vermengen und den Gelierzucker darüber streuen. 24 Stunden an einem kühlen Ort zugedeckt stehen lassen.

Die Mischung anschließend in einen Topf geben und vier Minuten sprudelnd kochen lassen. Den Topf vom Feuer nehmen und den Campari untermengen. Sofort in Gläser füllen, gut verschließen und 5 Minuten auf dem Deckel stehen lassen.

GESUNDHEITSTIPP:

Ananas fördert durch das Enzym Bromelin die Eiweißverdauung und den Fettabbau. Sie wirkt außerdem entwässernd und entschlackend.

Die süß-säuerlichen Brombeeren liefern reichlich Vitamin C.

Brombeer-Zwetschgen-Marmelade

60 Portionen

1.000 g Brombeeren und Zwetschgen (Pflaumen) gemischt
1 Zimtstange
5 Nelken
500 g Gelierzucker 2 : 1
4 cl Rum
Saft einer halben Zitrone

Zubereitungszeit:
40 Minuten

Haltbarkeit:
12 Monate

Zubereitungstipp:
Je reifer die Zwetschgen sind, desto süßer wird die Marmelade. Sie können für dieses Rezept auch Birnen verwenden.

Nährwerte pro Portion (25 g):

Kalorien	42
Eiweiß	0,2 g
Fett	0,1 g
Kohlenhydrate	9,4 g
Ballaststoffe	0,8 g
Broteinheiten	0,8
Vitamin A	0,008 mg
Vitamin C	1,8 mg
Vitamin E	0,109 mg

Die Zwetschgen entkernen und in kleine Stücke schneiden. Die Zimtstange und die Nelken in einen Stoffbeutel geben und fest verschnüren. Mit dem Pürierstab die Zwetschgen zerkleinern und die Masse mit den Brombeeren und dem Gewürzbeutel in einen Topf geben. Den Gelierzucker untermengen und unter Rühren erhitzen. Vier Minuten sprudelnd kochen lassen. Den Stoffbeutel entfernen. Den Rum und den Zitronensaft unterrühren. Sofort in Gläser füllen, fest verschließen und etwa 5 Minuten auf den Deckel stellen.

GESUNDHEITSTIPP:

Zwetschgen enthalten nicht nur wertvolle Fruchtsäuren und Vitamine, sondern auch sekundäre Pflanzeninhaltsstoffe, die uns vor den schädlichen freien Radikalen schützen.

Dunkelrote Erdbeermarmelade

60 Portionen

900 g Erdbeeren
100 ml schwarzer Ribiselsaft (Johannisbeersaft)
etwas Orangensaft
500 g Zucker
1 Pkg. Gelierfix 2 : 1

Zubereitungszeit:
30 Minuten

Haltbarkeit:
12 Monate

SERVIERTIPP:
Durch die schöne rote Farbe optimal zur Füllung von Rouladen geeignet!

Nährwerte pro Portion (25 g):

Kalorien	41
Eiweiß	0,1 g
Fett	0,1 g
Kohlenhydrate	9,6 g
Ballaststoffe	0,3 g
Broteinheiten	0,8
Vitamin A	0,002 mg
Vitamin C	11,6 mg
Vitamin E	0,048 mg

Alle Zutaten unter ständigem Rühren aufkochen und mindestens 3 Minuten kochen lassen. Eventuell abschäumen. Die heiße Marmelade sofort in die vorbereiteten Gläser abfüllen und gut verschließen. Die Gläser umdrehen und etwa 5 Minuten auf dem Deckel stehen lassen.

GESUNDHEITSTIPP:

Erdbeeren stärken das Immunsystem. Sie enthalten u. a. reichlich Kalium und regen die Verdauung und die Nieren an.

Erdbeer-Orangen-Konfitüre

50 Portionen

750 g Erdbeeren
500 g Gelierzucker 2 : 1
2 Orangen
1 Zitrone

Zubereitungszeit:
40 Minuten

Haltbarkeit:
12 Monate

SERVIERTIPP:
Die schöne Farbe der Konfitüre lädt zum Vernaschen ein!

Nährwerte
pro Portion (25 g):

Kalorien	48
Eiweiß	0,2 g
Fett	0,1 g
Kohlenhydrate	11,3 g
Ballaststoffe	0,3 g
Broteinheiten	0,9
Vitamin A	0,002 mg
Vitamin C	11,2 mg
Vitamin E	0,030 mg

Die Erdbeeren waschen, putzen, halbieren und abwiegen. Mit dem Gelierzucker mischen. Die Früchte pürieren. Orangen und Zitrone auspressen und den Saft unter die Erdbeermasse mischen. In einem Topf zum Kochen bringen. Den Schaum abschöpfen (schmeckt kalt sehr lecker auf Brötchen). Die Erdbeer-Orangen-Konfitüre unter Rühren ca. 4 – 8 Minuten sprudelnd kochen. Zwischendurch Gelierprobe mit einigen Tropfen auf einem kalten Teller machen.

Die Marmelade sofort in die Gläser füllen. Deckel festschrauben und die Erdbeer-Orangen-Konfitüre ca. 5 Minuten auf den Deckel stellen. Dann umdrehen und erkalten lassen.

GESUNDHEITSTIPP:

Erdbeeren sind besonders reich an Vitamin C. Bereits 150 Gramm decken den Tagesbedarf an diesem Vitamin. Erdbeeren liefern auch große Mengen an Folsäure und Kalium.

Die Orange enthält neben reichlich Vitamin C auch Pektin, ein wichtiger löslicher Ballaststoff, der dazu beiträgt, den Cholesterinspiegel zu regulieren.

Falsche Preiselbeeren

220 Portionen

3/4 l Wasser
2.000 g Zucker
2.500 g Ribisel (Johannisbeeren)
1/4 l Rotwein

Zubereitungszeit:
1,5 Stunden

Haltbarkeit:
12 Monate

SERVIERTIPP:
Zum Schnitzel, Backhendl oder aufs Frühstücksbrot.

Nährwerte
pro Portion (25 g):

Kalorien	43
Eiweiß	0,1 g
Fett	0,02 g
Kohlenhydrate	9,9 g
Ballaststoffe	0,8 g
Broteinheiten	0,8
Vitamin A	0,001 mg
Vitamin C	4,1 mg
Vitamin E	0,081 mg

Wasser und Zucker eine 1/2 Stunde kochen lassen. Dann die Ribisel 10 Minuten mitkochen und zum Schluss den Wein hinzugeben (einmal aufkochen lassen). Die Masse heiß in Gläser füllen und verschließen. Die Gläser umdrehen und 5 Minuten auf dem Deckel stehen lassen.

GESUNDHEITSTIPP:

Die Ribisel ist reich an Vitamin C, Ballaststoffen und Kalium.
Die vielen wertvollen Inhaltsstoffe der Ribisel kurbeln die Verdauung an und fördern die Entschlackung.

Hagebuttenmarmelade mit Äpfeln

122 Portionen

1.500 g Hagebutten
750 g grüne Äpfel
200 ml Wasser
100 ml Rotwein
500 g Zucker

Die Hagebutten waschen und grob schneiden. Die Äpfel grob raspeln. Die Früchte zusammen mit dem Wasser, dem Rotwein und dem Zucker etwa 30 Minuten kochen. Durch ein feines Sieb streichen und nochmals aufkochen. Heiß in Gläser füllen und verschließen. Die Gläser umdrehen und 5 Minuten auf dem Deckel stehen lassen.

Zubereitungszeit:
1 Stunde

Haltbarkeit:
12 Monate

SERVIERTIPP:
Zum Rehrücken ein Traum!

GESUNDHEITSTIPP:

Die Hagebutte gilt auf Grund ihres hohen Vitamin-C-Gehaltes als ideales Mittel zur Vorbeugung gegen Erkältungen und grippale Infekte. Sie enthält auch reichlich Magnesium, Vitamin E und die Spurenelemente Zink und Selen.

Nährwerte
pro Portion (25 g):

Kalorien	34
Eiweiß	0,5 g
Fett	0,1 g
Kohlenhydrate	7,2 g
Ballaststoffe	0,9 g
Broteinheiten	0,6
Vitamin A	0,050 mg
Vitamin C	154,4 mg
Vitamin E	0,092 mg

Herbstkompott

4 Portionen

3 Ringlotten (Reineclaude)
3 Äpfel
3 Marillen (Aprikosen)
ca. 2 EL Fruchtzucker
1 EL Honig
Prise Zimt

Die Ringlotten entsteinen und zerkleinern, die Äpfel von Schale und Kerngehäuse befreien und in 2 cm Würfel schneiden. Die Marillen entsteinen und achteln.

Die Früchte in einen Topf geben, mit Wasser bedecken, Fruchtzucker beimengen und alles zusammen aufkochen lassen, bis die Marillen weich sind. Überkühlen und danach noch 1 Löffel Bienenhonig und eine Prise Zimt untermischen.

Zubereitungszeit:
30 Minuten

Kühlzeit:
2 Stunden

Haltbarkeit:
2 Tage

SERVIERTIPP:
Zum Kaiserschmarren gereicht, ist das ein Galaabendessen! Kann auch sterilisiert werden (z. B. im Kochtopf: etwa 30 Minuten) – dann ist eine Haltbarkeit von 6 Monaten gegeben.

Nährwerte pro Portion (180 g):

Kalorien	125
Eiweiß	0,8 g
Fett	0,6 g
Kohlenhydrate	28,1 g
Ballaststoffe	3,5 g
Broteinheiten	2,3
Vitamin A	0,104 mg
Vitamin C	19 mg
Vitamin E	0,880 mg

GESUNDHEITSTIPP:

Die Heilkraft des Apfels ist unumstritten. Der Genuss frischer Äpfel wirkt sich positiv auf einen zu hohen Cholesterinspiegel aus und hilft erhöhten Blutdruck zu senken.
Ringlotten sind eine Pflaumenart. Sie sind groß, rund und hellgelb bis hellgrün. Sie enthalten viele Vitamine, Mineralstoffe, Carotinoide und andere sekundäre Pflanzenschutzstoffe.

Herbstmarmelade

62 Portionen

500 g Zwetschgen (Pflaumen), entkernt und gewogen
700 g Holunderbeeren, gerebelt und gewogen
1 Pkg. Gelierpulver 2 : 1
300 g Rohrzucker
3 EL Zitronensaft
3 EL Honig

Zubereitungszeit:
40 Minuten

Haltbarkeit:
6 Monate

SERVIERTIPP:
Besonders schmackhaft zum Frühstückskipferl!

Nährwerte pro Portion (25 g):

Kalorien	31
Eiweiß	0,3 g
Fett	0,1 g
Kohlenhydrate	6,9 g
Ballaststoffe	0,6 g
Broteinheiten	0,6
Vitamin A	0,011 mg
Vitamin C	2,5 mg
Vitamin E	0,164 mg

Die Zwetschgen klein schneiden und mit den Holunderbeeren, ein wenig Wasser, Gelierpulver und Zucker ca. 5 Minuten unter ständigem Rühren kochen. Zitronensaft und Honig dazugeben und gut durchrühren. Heiß in Gläser füllen und sofort verschließen. Gläser umdrehen und 5 Minuten auf dem Deckel stehen lassen.

GESUNDHEITSTIPP:

Die schwarzen Holunderbeeren (roh ungenießbar) ergeben eine hervorragende Naturarznei für die Atemwege, wenn man sie gekocht als Saft oder Kompott genießt.

Kiwi-Rhabarber-Marmelade

60 Portionen

520 g Rhabarber
4 reife Kiwis (480 g)
1 Pkg. Gelierpulver 2 : 1
500 g Traubenzucker

Zubereitungszeit:
50 Minuten

Haltbarkeit:
12 Monate

Zubereitungstipp:
Auch Rhabarber allein (1.000 g Rhabarber) ergibt eine gute Marmelade.

Nährwerte pro Portion (25 g):

Kalorien	40
Eiweiß	0,1 g
Fett	0,1 g
Kohlenhydrate	9,3 g
Ballaststoffe	0,5 g
Broteinheiten	0,8
Vitamin A	0,006 mg
Vitamin C	6,5 mg
Vitamin E	0,062 mg

Den Rhabarber schälen, in fingerdicke Stücke schneiden und leicht andünsten. Die geschälten, zerkleinerten Kiwis dazugeben und alles pürieren. Das Gelierpulver mit Traubenzucker vermengen und zufügen, unter Rühren zum Kochen bringen und unter ständigem Rühren 5 Minuten sprudelnd kochen lassen. Sollte sich während des Kochens Schaum bilden, muss dieser vor dem Abfüllen abgeschöpft werden. Vorbereitete Gläser randvoll füllen, sofort verschließen, umdrehen und ca. 5 Minuten auf dem Deckel stehen lassen.

GESUNDHEITSTIPP:

Rhabarber ist reich an den Mineralstoffen Kalzium, das die Knochen stärkt und Kalium, das sich positiv auf die Verdauung auswirkt. Beachtlich ist auch der Anteil am Spurenelement Kupfer: wichtig für die Arbeit des Gehirns, der Schilddrüse, eine Waffe gegen Karies, Blutarmut und Herzschwäche. Rhabarber enthält aber auch reichlich Oxalsäure, die die Bildung von Oxalatsteinen (Nierensteine) begünstigen kann. Daher nicht zu häufig essen.

Marillenmarmelade

180 Portionen

3.000 g Marillen (Aprikosen)
1.500 g Gelierzucker 2 : 1
Zimt
1/2 Pkg. Einsiedehilfe
Schnaps zum Ausspülen der Deckel

Die entkernten und zerkleinerten Marillen kurz aufkochen, passieren und erkalten lassen. Danach den Gelierzucker untermengen und nochmals langsam aufkochen. Mit etwas Zimt abschmecken und die Einsiedehilfe dazugeben. Kochendheiß in die sauberen Gläser füllen. Die Deckel evtl. zuvor mit Schnaps ausspülen. Die Gläser fest verschließen, umdrehen und 5 Minuten auf dem Deckel stehen lassen.

Zubereitungszeit:
40 Minuten

Haltbarkeit:
12 Monate

Zubereitungstipp:
Immer nur sehr reife Marillen verwenden!

Nährwerte
pro Portion (25 g):

Kalorien	41
Eiweiß	0,2 g
Fett	0,01 g
Kohlenhydrate	9,7 g
Ballaststoffe	0,3 g
Broteinheiten	0,8
Vitamin A	0,05 mg
Vitamin C	1,5 mg
Vitamin E	0,083 mg

GESUNDHEITSTIPP:

Getrocknete Marillen sind eine Vitamin-A-Bombe für die Sehkraft und für die Schleimhäute.

Mehrfruchtmarmelade mit „Schwips"

60 Portionen

250 g Erdbeeren
250 g Marillen (Aprikosen)
250 g Rhabarber
250 g Äpfel
500 g Gelierzucker 2 : 1
Saft einer Zitrone
2 EL Marillen-Brandy

Zubereitungszeit:
1 Stunde

Haltbarkeit:
8 Monate

SERVIERTIPP:
Marmelade selbst gemacht – da spürt man so richtig die Sonne im Glas!

Nährwerte pro Portion (25 g):

Kalorien	41
Eiweiß	0,1 g
Fett	0,04 g
Kohlenhydrate	9,7 g
Ballaststoffe	0,3 g
Broteinheiten	0,8
Vitamin A	0,014 mg
Vitamin C	4,1 mg
Vitamin E	0,058 mg

Erdbeeren, Marillen, Rhabarber und Äpfel waschen. Die Erdbeeren von Stielen und Blättern befreien, die Marillen halbieren und entsteinen, die Äpfel entkernen und achteln, den Rhabarber schälen und in Stücke schneiden. Alle Früchte im Mixer zerkleinern. Die Fruchtmasse mit Gelierzucker vermengen und unter ständigem Rühren ca. 3 Minuten gut durchkochen lassen. Den Topf vom Herd ziehen und rasch Zitronensaft und Marillen-Brandy einrühren.

Die Marmelade rasch in Gläser füllen, fest verschließen, umdrehen und 5 Minuten auf dem Deckel stehen lassen.

GESUNDHEITSTIPP:

Der Apfel ist reich an Vitaminen, Mineralstoffen, Spurenelementen und Enzymen. Er liefert dem Körper alle lebenswichtigen Vitalstoffe. Der hohe Pektinanteil reguliert die Verdauung und entgiftet Magen und Darm.

Pfirsich-Apfel-Konfitüre

80 Portionen

1.100 g Pfirsiche
150 g Äpfel
250 ml Pflaumenwein
1 Pkg. Zitronensäure
500 g Super Gelierzucker 3 : 1

Die Pfirsiche waschen, abtropfen lassen, dünn schälen, vierteln, entkernen und fein schneiden. 1.100 g abwiegen. Die geschälten und geschnittenen Äpfel hinzugeben. Pflaumenwein, Zitronensäure, Gelierzucker und das Obst in einen Topf geben, gut verrühren und zum Kochen bringen. Mindestens 3 Minuten unter ständigem Rühren sprudelnd kochen lassen. Kochgut abschäumen, sofort in vorbereitete Gläser füllen und verschließen. Umgedreht etwa 5 Minuten auf dem Deckel stehen lassen.

Zubereitungszeit:
1 Stunde

Haltbarkeit:
12 Monate

Zubereitungstipp:
Als Geschmacksträger ist diese Konfitüre sehr gut im Wok geeignet!

Nährwerte pro Portion (25 g):

Kalorien	35
Eiweiß	0,1 g
Fett	0,02 g
Kohlenhydrate	7,9 g
Ballaststoffe	0,4 g
Broteinheiten	0,7
Vitamin A	0,01 mg
Vitamin C	1,6 mg
Vitamin E	0,142 mg

GESUNDHEITSTIPP:

Rohe Pfirsiche enthalten Vitamin C, Kalium, Eisen sowie Flavonoide und Carotinoide.

Pikante Stachelbeermarmelade

102 Portionen

1.100 g Stachelbeeren
1.250 g Gelierzucker
4 EL grüne Pfefferkörner aus dem Glas
1/8 l Gin

Vorbereitungszeit:
24 Stunden

Zubereitungszeit:
40 Minuten

Haltbarkeit:
12 Monate

SERVIERTIPP:
Passt gut zu gekochter Rinderbrust, Roastbeef oder geräucherten Forellenfilets.

Nährwerte pro Portion (25 g):

Kalorien	58
Eiweiß	0,1 g
Fett	0,03 g
Kohlenhydrate	13,3 g
Ballaststoffe	0,3 g
Broteinheiten	1,1
Vitamin A	0,004 mg
Vitamin C	3,8 mg
Vitamin E	0,067 mg

Stachelbeeren von Blüten und Stängelansätzen befreien, gründlich waschen und gut abtropfen lassen.
Mit dem Gelierzucker in einer Schüssel mischen und mit einem Holzstampfer etwas musig drücken. Zugedeckt über Nacht stehen lassen.

Am nächsten Tag die abgetropften Pfefferkörner grob hacken und mit den Stachelbeeren vermischen. Die Mischung in einem großen Topf unter ständigem Rühren aufkochen und 5 Minuten sprudelnd kochen lassen. Den Topf dann vom Herd nehmen und den Gin in die Marmelade rühren.

Die Marmelade sofort in vorbereitete Gläser füllen und mit Schraubdeckel verschließen. Die Gläser umdrehen und 5 Minuten auf dem Deckel stehen lassen. Kühl und dunkel aufbewahren.

GESUNDHEITSTIPP:

Stachelbeeren sind reich an fruchteigenem Zucker, Ballaststoffen, Vitamin C, Folsäure, Kalium und Flavonoiden.

Powidl (Pflaumenmus)

200 Portionen

5.000 g sehr reife Zwetschgen (Pflaumen)
1 TL Zimt
etwas Ingwer
2 EL heißes Wasser
1 Pkg. Einsiedehilfe

Zubereitungszeit:
etwa 3 Stunden

Haltbarkeit:
12 Monate

SERVIERTIPP:

Schmeckt herrlich und ist ideal zum Füllen verschiedener Mehlspeisen geeignet! Kann vor Gebrauch noch z. B. mit Rum abgeschmeckt werden.

Nährwerte pro Portion (25 g):

Kalorien	11
Eiweiß	0,2 g
Fett	0,03 g
Kohlenhydrate	2,2 g
Ballaststoffe	0,6 g
Broteinheiten	0,2
Vitamin A	0,012 mg
Vitamin C	1 mg
Vitamin E	0,153 mg

Die Zwetschgen waschen, entkernen, zerkleinern und unter häufigem Rühren zu einem dicken Brei verkochen (ca. 2 – 3 Stunden). Danach Zimt und Ingwer dazugeben. Die Einsiedehilfe in Wasser auflösen und unterrühren. Den Powidl heiß in vorbereitete Gläser abfüllen und gut verschließen.

GESUNDHEITSTIPP:

Zwetschgen enthalten wertvolle Fruchtsäuren, Pektine und Rohfasern, welche die Verdauung fördern.

Ribiselmarmelade gemischt

140 Portionen

1.000 g rote Ribiseln (Johannisbeeren)
500 g weiße Ribiseln
500 g schwarze Ribiseln
500 g Gelierzucker 2 : 1
1.000 g Kristallzucker
Einsiedehilfe
Schnaps zum Ausspülen

Die Ribiseln abrebeln, mischen und passieren. Danach den Gelier- und den Kristallzucker untermischen und langsam aufkochen. Etwas Einsiedehilfe dazumengen und heiß in saubere Gläser füllen. Die Deckel mit Schnaps ausspülen und die Gläser fest verschließen. Die Gläser umdrehen und 5 Minuten auf dem Deckel stehen lassen.

Zubereitungszeit:
1 Stunde

Haltbarkeit:
12 Monate

SERVIERTIPP:
Diese Marmelade schmeckt nicht so süß!

GESUNDHEITSTIPP:

Ribisel aktivieren den Zellstoffwechsel, schützen die Zellen gegen zerstörerische freie Radikale und stärken das Immunsystem.

Nährwerte pro Portion (25 g):

Kalorien	50
Eiweiß	0,2 g
Fett	0,03 g
Kohlenhydrate	11,9 g
Ballaststoffe	1 g
Broteinheiten	1
Vitamin A	0,001 mg
Vitamin C	10,6 mg
Vitamin E	0,123 mg

Vogelbeermarmelade

45 Portionen

500 g Vogelbeeren
500 g Rohzucker
etwas Apfelessig
1 Glas guter Weißwein

Vorbereitungszeit:
24 Stunden

Zubereitungszeit:
1 Stunde

Haltbarkeit:
12 – 18 Monate

Nährwerte
pro Portion (25 g):

Kalorien	57
Eiweiß	0,2 g
Fett	0,2 g
Kohlenhydrate	13,2 g
Ballaststoffe	0,7 g
Broteinheiten	1,1
Vitamin A	0,045 mg
Vitamin C	11 mg
Vitamin E	0,056 mg

Die Vogelbeeren sollen vor der Verarbeitung entbittert werden. Man setzt sie über Nacht in so viel kaltem Wasser an, dass sie bedeckt sind und gibt etwas Apfelessig hinzu. Morgens abseihen.

Die Beeren wiegt man vorher ab und kocht sie mit der gleichen Menge Rohzucker und einem Gläschen guten Weißwein zu Marmelade oder Mus ein. Es genügt auch weniger Zuckerzusatz, denn die Vogelbeeren halten sich ähnlich den Preiselbeeren sehr gut. Die heiße Marmelade sofort in die vorbereiteten Gläser füllen, verschließen, umdrehen und etwa 5 Minuten auf dem Deckel stehen lassen.

Zubereitungstipp:
Je nach Wunsch kann man auch Birnen, Kürbisse, Stachelbeeren, Hagebutten, Karotten oder Tomaten darunter mischen. Man gibt die Hälfte der Gewichtsmenge an Rohzucker dazu und kocht die Mischung auf. Danach in gut gereinigte Gläser füllen und 1 bis 2 EL Rum oder Kognak pro Glas darüber gießen.

GESUNDHEITSTIPP:

Die Vogelbeere hat einen hohen Gehalt an Vitamin C. Diese Marmelade ist ein ideales „Anti-Grippemittel" im Winter!

Weichselmarmelade

80 Portionen

1.000 g Weichseln (Sauerkirschen)
1.000 g Gelierzucker
evtl. etwas Zitronensaft oder etwas Rum

Zubereitungszeit:
1 Stunde

Haltbarkeit:
12 Monate

SERVIERTIPP:
Schmeckt sehr gut zu süßen Desserts wie Schokoladenmousse, harmoniert aber auch wunderbar mit Fleischgerichten.

Nährwerte pro Portion (25 g):

Kalorien	58
Eiweiß	0,1 g
Fett	0,1 g
Kohlenhydrate	13,8 g
Ballaststoffe	0,1 g
Broteinheiten	1,2
Vitamin A	0,006 mg
Vitamin C	1,5 mg
Vitamin E	0,016 mg

Die gewaschenen Weichseln entkernen und in kleine Stücke schneiden. Die Früchte mit dem Gelierzucker vermengen und alles unter Rühren zum Kochen bringen. Etwa 5 Minuten sprudelnd kochen lassen. Zum Verfeinern je nach Geschmack etwas Zitronensaft oder auch einen Schuss Rum unterrühren. Nun die vorbereiteten Gläser bis zum Rand mit der heißen Marmelade füllen, sofort verschließen und ca. 5 Minuten auf dem Deckel stehen lassen.

Zwetschge & Madeira

64 Portionen

1.000 g Zwetschgen (Pflaumen), entkernt und gewogen
500 g Gelierzucker 2 : 1
1 TL Zimt
1 dl Madeira

Zubereitungszeit:
40 Minuten

Haltbarkeit:
12 Monate

Zubereitungstipp:
Natürlich können Sie anstelle von Madeira auch Portwein oder Weinbrand zum Würzen verwenden!

Nährwerte pro Portion (25 g):

Kalorien	41
Eiweiß	0,1 g
Fett	0,02 g
Kohlenhydrate	9,4 g
Ballaststoffe	0,4 g
Broteinheiten	0,8
Vitamin A	0,008 mg
Vitamin C	0,625 mg
Vitamin E	0,095 mg

Die Hälfte der entkernten Zwetschgen in kleine Stücke schneiden, den Rest in der Küchenmaschine pürieren. Die Stücke mit dem Püree vermengen und den Gelierzucker sorgfältig unterrühren. Die Mischung zum Kochen bringen und 4 Minuten sprudelnd kochen lassen. Mit Zimt und Madeira würzen. Sofort in gut gereinigte Gläser füllen und diese gut verschließen. Die Gläser umdrehen und einige Minuten auf dem Deckel stehen lassen.

Zwetschgenmarmelade

61 Portionen

1.000 g Zwetschgen (Pflaumen)
Gelierhilfe 2 : 1
Saft einer Zitrone
500 g Zucker
Zimt
1 Pkg. Vanillezucker
Rum

Zubereitungszeit:
40 Minuten

Haltbarkeit:
12 Monate

Zubereitungstipp:
Für diese Marmelade kann man auch die Wildform der Zwetschgen, die Kriecherln (Haferschlehen), verwenden.

Nährwerte
pro Portion (25 g):

Kalorien	41
Eiweiß	0,1 g
Fett	0,02 g
Kohlenhydrate	9,8 g
Ballaststoffe	0,4 g
Broteinheiten	0,8
Vitamin A	0,008 mg
Vitamin C	0,656 mg
Vitamin E	0,1 mg

Die Zwetschgen werden gewaschen, entsteint, gewogen, zerkleinert und in einen Topf gegeben. Die Gelierhilfe und den Saft einer Zitrone hinzugeben. Unter ständigem Rühren bringt man den Fruchtbrei zum Kochen. Dann den Zucker dazugeben und ca. 5 Minuten leicht kochen lassen. Etwa 1 Minute vor Ende der Kochzeit eine Prise Zimt und ein Päckchen Vanillezucker dazugeben. Gelierprobe machen. In die Gläser ca. 2 mm Rum (bodenbedeckt) geben. Die Gläser mit der heißen Marmelade füllen, verschließen und für ca. 5 Minuten auf den Deckel stellen.

Gemüse

sauer und pikant

Basilikumtomaten

104 Portionen

2.500 g vollreife Tomaten
1 Zwiebel
4 Knoblauchzehen
1 EL eingelegte grüne Pfefferkörner
3 Bund Basilikum
Olivenöl

Zubereitungszeit:
1 Stunde

Haltbarkeit:
ca. 6 Monate

Zubereitungstipp:
Die gewürzten Tomaten sind die ideale Basis für eine schnelle Zubereitung von kalter oder warmer Tomatensoße!

Nährwerte
pro Portion (25 g):

Kalorien	7
Eiweiß	0,3 g
Fett	0,2 g
Kohlenhydrate	0,7 g
Ballaststoffe	0,2 g
Broteinheiten	0,1
Vitamin A	0,022 mg
Vitamin C	6 mg
Vitamin E	0,221 mg

Die Tomaten mit kochendem Wasser überbrühen, eiskalt abschrecken und häuten. Die Stielansätze entfernen und die Tomaten würfeln. Mit der zerkleinerten Zwiebel, den gehackten Knoblauchzehen sowie den Pfefferkörnern bei schwacher Hitze ca. 40 Minuten köcheln lassen. Das Basilikum grob hacken und einrühren.

Die Mischung noch heiß in die Flaschen oder Gläser füllen, mit Olivenöl bedecken und sofort verschließen.

GESUNDHEITSTIPP:

Das herrlich duftende Basilikum wirkt sehr positiv auf die Verdauung, es ist appetitanregend und hilft in der Diätküche Salz einzusparen.

Tomaten enthalten besonders viel Vitamin A und Betakraotin für unsere Augen sowie Vitamin C zur Unterstützung der Abwehrkräfte. Vitamin A und C sowie Betakarotin können vor Krebserkrankungen schützen.

Eingelegte Zucchini mit Paprika

11 Portionen

4 große Zucchini, 2 grüne Paprika
2 rote Paprika, 4 große Zwiebeln
2 Knoblauchzehen
100 g Salz, 1/4 l Kräuteressig
1/2 l Wasser
3/4 l Essig, 500 g Zucker
1 1/2 EL Curry gemahlen
2 EL Senfkörner (ganz)
Olivenöl

Zubereitungszeit:
ca. 6 Stunden

Haltbarkeit:
6 Monate

SERVIERTIPP:
Schmeckt hervorragend zur Jause oder zum Grillfest.

Nährwerte pro Portion (150 g):

Kalorien	122
Eiweiß	2 g
Fett	0,5 g
Kohlenhydrate	26,7 g
Ballaststoffe	2,8 g
Broteinheiten	2,2
Vitamin A	0,084 mg
Vitamin C	76,9 mg
Vitamin E	1,5 mg

Zucchini und Paprika von den Kernen befreien, Zwiebeln und Knoblauch schälen. Salz und 1/4 l Kräuteressig mit Wasser in einem großen Kochtopf oder einer Schüssel gut vermischen. Die Zucchini, die Zwiebeln, die Paprika und den Knoblauch dazugeben und gut vermengen. 4 – 5 Stunden stehen lassen und danach abseihen.

Dann 3/4 l Essig, Zucker, Curry und Senfkörner in einem großen Topf aufkochen lassen und die abgeseihte Masse (Zucchini, Zwiebeln, Knoblauch, Paprika) dazugeben. Alles ein paar Minuten lang kochen und einrexen. Sie können das Gemüse auch in Schraubgläser füllen, mit Olivenöl bedecken und gut verschließen.

GESUNDHEITSTIPP:

Paprika gehören zu jenen Gemüsesorten, die am meisten Vitamin C enthalten. Bereits ein Drittel einer Paprika deckt den Tagesbedarf an Vitamin C. Beim Kochen geht allerdings ein Teil davon verloren.

Der Knoblauch ist ein besonderes Küchengewürz. Es hebt den Geschmack von Speisen und fördert die Bekömmlichkeit.

Essigfrüchte (Mixed Pickles)

20 Portionen

500 g Karotten
500 g grüne Bohnen
500 g Paprikaschoten (rote und grüne)
500 g Karfiol (Blumenkohl)
500 g kleine Zwiebeln und Schalotten, 500 g kleine Gurken
1,5 l Wasser
3 Teilstriche Essigessenz
2 EL Zucker
1/2 TL Paprikapulver, 1 TL Senf
5 Tropfen Tabasco, 1 Stange (etwa 250 g) Kren (Meerrettich)

Vorbereitungszeit:
24 Stunden

Zubereitungszeit:
50 Minuten

Haltbarkeit:
6 Monate

Nährwerte pro Portion (150 g):

Kalorien	29
Eiweiß	1,8 g
Fett	0,3 g
Kohlenhydrate	4,4 g
Ballaststoffe	3,3 g
Broteinheiten	0,4
Vitamin A	0,368 mg
Vitamin C	50,2 mg
Vitamin E	0,718 mg

Die verschiedenen Gemüsesorten gründlich waschen, putzen und in mittelgroße Stücke schneiden. Das Gemüse ca. 15 Minuten in Salzwasser vorkochen. Essigessenz, Zucker, Paprika, Senf, Tabasco und den in grobe Locken geraspelten Kren dazugeben. Alles zusammen ca. 2 – 4 Minuten kochen lassen. Dann abkühlen lassen und in Gläser füllen.

Am nächsten Tag die Flüssigkeit abgießen, aufkochen lassen und heiß über das Gemüse gießen – dann die Gläser verschließen.

Zubereitungstipp:
Das Gemüse lässt sich je nach Jahreszeit variieren.

GESUNDHEITSTIPP:

Die Kren-Wurzel enthält Senföle, pflanzliche Fermente und auch bekannte bakterizide Stoffe. Kren wird als pflanzliches Antibiotikum geschätzt. In der Volksmedizin wird die stark wassertreibende Wirkung gelobt, bei Nierenempfindlichkeit soll Kren gemieden werden.

Die grüne Bohne liefert hochwertiges Eiweiß, Kohlenhydrate, Ballaststoffe, Vitamin C, Folsäure, Kalium, Magnesium und Eisen. Grüne Bohnen darf man niemals roh essen. Sie enthalten blutgerinnungsfördernde Stoffe und dürfen nur gekocht verzehrt werden.

Essiggurken

59 Portionen

100 Stk. kleine Gurken
60 g Zwiebeln
1 Bund Dillkraut
5 Paprikaschoten
10 Pfefferkörner
1 Prise Ingwer (evtl. frischen Ingwer)
50 g Kren (Meerrettich)
Salz, Weichselblätter,
1 Pkg. Einsiedehilfe
1/2 l Essigwasser (= Gemisch aus Essig und Wasser 1 : 1)

Zubereitungszeit:
1 Stunde

Haltbarkeit:
8 Monate

Nährwerte pro Portion (100 g):

Kalorien	14
Eiweiß	0,7 g
Fett	0,2 g
Kohlenhydrate	2 g
Ballaststoffe	1 g
Broteinheiten	0,2
Vitamin A	0,065 mg
Vitamin C	22,7 mg
Vitamin E	0,324 mg

Die kleinen Gurken werden gewaschen, in Gläser gelegt und mit den Zutaten bestreut. Die Einsiedehilfe zum Essigwasser geben und aufkochen lassen. Nun die Gläser mit dem gekochten und abgekühlten Essigwasser auffüllen. Die Gläser werden verschlossen und an einem kühlen Ort aufbewahrt.

Zubereitungstipp:
Fein gehackt in den Topfenaufstrich oder zum Füllen der Rindsrouladen. Selbst gemacht schmeckt es immer am besten!

GESUNDHEITSTIPP:

Die Gurke hat sehr wenig Kalorien und ihre Inhaltstoffe – Vitamine, Mineralstoffe und Spurenelemente – regen die Nierentätigkeit an. Sie besteht aus 97 % Wasser. Die wichtigen Inhaltsstoffe befinden sich größtenteils unter der Schale.

Gemüse süß-sauer

27 Portionen

1.000 g Zucchini, 1.000 g Gurken
1.000 g Paprika (rot, gelb, grün)
1.000 g Zwiebeln

Sud:
1 Flasche Gewürzessig
1 l Wasser
1 l Apfelsaft
200 g Zucker
6 TL Salz
Saft von 2 Zitronen
Pfefferkörner, Senfkörner

Zubereitungszeit:
60 Minuten

Haltbarkeit:
6 Monate

Nährwerte
pro Portion (150 g):

Kalorien	44
Eiweiß	1,6 g
Fett	0,4 g
Kohlenhydrate	8,1 g
Ballaststoffe	2,3 g
Broteinheiten	0,7
Vitamin A	0,074 mg
Vitamin C	55,4 mg
Vitamin E	1 mg

Die Zucchini gegebenenfalls schälen und entkernen. Das Gemüse waschen und grob schneiden. Die Zutaten für den Sud aufkochen und das geschnittene Gemüse dazugeben. Drei Minuten stark kochen lassen und dann sofort in Twistgläser füllen. Gut verschließen.

Zubereitungstipp:
Unter gekochten ausgekühlten Reis gemischt ergibt das einen ausgezeichneten Salat zum Sommerfest!

GESUNDHEITSTIPP:

Paprika wirkt auch als Pulver verdauungsfördernd und macht z. B. Gulasch nicht nur richtig scharf, sondern auch erst gut verträglich.

Gemüserelish

70 Portionen

250 g Zwiebelwürfel
250 g Karottenwürfel
250 g Zucchiniwürfel
250 g Paprikawürfel (rot, gelb, grün)
250 g Tomatenwürfel
250 g Zucker, 1/4 l Weinessig
2 TL Salz, Senfkörner
würziger (englischer) Senf
etwas Curry
etwas Ingwer (in Streifen)
Chili (ohne Kerne)
Olivenöl

Zubereitungszeit:
40 Minuten

Haltbarkeit:
4 – 6 Monate

Nährwerte pro Portion (25 g):

Kalorien	19
Eiweiß	0,2 g
Fett	0,1 g
Kohlenhydrate	4,2 g
Ballaststoffe	0,4 g
Broteinheiten	0,3
Vitamin A	0,055 mg
Vitamin C	7 mg
Vitamin E	0,156 mg

Alle Zutaten etwa 10 Minuten köcheln lassen. Zum Haltbarmachen heiß in Gläser füllen, mit Olivenöl bedecken und fest verschließen.

SERVIERTIPP:

Schmeckt vorzüglich zu Fleisch, Fisch bzw. zu gekochten Kartoffeln und Reis.

GESUNDHEITSTIPP:

Die Karotte zählt schon seit jeher zu den Fitmachern. Sie liefert dem Organismus den Mineralstoff Magnesium, vor allem aber Vitamin A und Betakarotin, die wichtigsten Radikalfänger.

Gewürzgurken

6 Portionen

Sud:

8 EL 5% Weinessig, 1/2 EL Salz
1 EL Zucker, 1/2 l Wasser

ca. 500 g kleine Gurken
2 kleine Zwiebeln
1 EL Senfkörner
2 Blatt Borretsch
2 Stängel Estragon
2 Stängel Dill

Zubereitungszeit:
1,5 Stunden

Haltbarkeit:
8 Monate

SERVIERTIPP:
Der Klassiker zur Jause!

Nährwerte pro Portion (100 g):

Kalorien	15
Eiweiß	0,7 g
Fett	0,2 g
Kohlenhydrate	2,3 g
Ballaststoffe	0,8 g
Broteinheiten	0,2
Vitamin A	0,055 mg
Vitamin C	8 mg
Vitamin E	0,065 mg

Weinessig, Salz, Zucker und Wasser kurz aufkochen und abkühlen lassen. Die Gurken zuerst ca. 1/2 Stunde in kaltes Wasser legen, dann sauber waschen und mit den Kräutern und Zwiebeln ins Einkochglas schichten. Mit der Lösung bedecken und im Einkochtopf (laut Beschreibung Ihres Gerätes) sterilisieren. Ist kein Einkochtopf vorhanden, können Sie das Gemüse auch im Kochtopf etwa 35 Minuten lang sterilisieren.

GESUNDHEITSTIPP:

Dill ist eine sehr beliebte Gemüse- und Gewürzpflanze. Als Heilpflanze hilft Dill bei Blähungen und Störungen im Verdauungstrakt. Dill löst Krämpfe und regt die Produktion des Magensaftes an.

Grüne Tomaten pikant gewürzt

97 Portionen

500 g Äpfel
750 g reife grüne Tomaten (= eigene Sorte!)
250 g Zwiebeln, 125 g Rosinen
500 g Zucker, 1/4 l Apfelessig
2 Stück Zitronen, 2 EL Senfkörner
1 EL Salz
3 Stück rote, frische Chilischoten
1 EL Korianderkörner
1 TL Pimentkörner, 1 TL Nelken
2 Stück Zimtstangen (zerbrochen)
Olivenöl

Vorbereitungszeit:
24 Stunden

Zubereitungszeit:
1,5 Stunden

Haltbarkeit:
6 – 8 Monate

Nährwerte pro Portion (25 g):

Kalorien	34
Eiweiß	0,3 g
Fett	0,2 g
Kohlenhydrate	7,4 g
Ballaststoffe	0,3 g
Broteinheiten	0,6
Vitamin A	0,003 mg
Vitamin C	3,8 mg
Vitamin E	0,115 mg

Äpfel schälen, entkernen und grob zerkleinern. Tomaten vierteln und die Kerne entfernen. Alle Abfälle zusammen mit den Gewürzen in ein Stofftuch (Geschirrtuch) geben. Das Tuch mit einem Faden zusammenbinden und über Nacht mit dem Tomaten-Apfel-Gemisch stehen lassen.

Die Zwiebeln schälen und grob schneiden. Äpfel, Tomaten, Zwiebeln und Essig in einen Topf geben und über Nacht im Kühlschrank marinieren lassen. Die Zitronen abreiben, den Saft auspressen und mit den übrigen Zutaten in den Topf geben. So lange langsam kochen, bis die Flüssigkeit fast verdunstet ist (etwa 1 Stunde). Heiß in Gläser füllen, mit etwa 2 EL Olivenöl abdecken und fest verschließen.

SERVIERTIPP:

Eignet sich besonders zu indischen Gerichten oder als Chutney zum Grillen.

GESUNDHEITSTIPP:

Unreife und daher grüne Tomaten sind aufgrund des hohen Solaningehaltes (Giftstoff) nicht zum Verzehr geeignet. Verwenden Sie ausschließlich reife, grüne Tomaten – das sind eigene Tomatensorten!

Kürbismarmelade

120 Portionen

1.500 g Kürbisfleisch
0,5 l Apfelsaft
Glühfix (3 Stück)
2 Zitronen (unbehandelt)
1.000 g Gelierzucker 2 : 1

Zubereitungszeit:
40 Minuten

Haltbarkeit:
8 Monate

SERVIERTIPP:
Als Beilage zu Gegrilltem bestens geeignet!

Nährwerte
pro Portion (25 g):

Kalorien	39
Eiweiß	0,2 g
Fett	0,04 g
Kohlenhydrate	9,3 g
Ballaststoffe	0,1 g
Broteinheiten	0,8
Vitamin A	0,03 mg
Vitamin C	2,1 mg
Vitamin E	0,034 mg

Das Kürbisfleisch mit dem Apfelsaft kochen (3 Stück Glühfix hineinhängen). Pürieren und abkühlen lassen. Die abgeriebene Schale und den Saft der Zitronen dazugeben. Während des erneuten Aufkochens den Gelierzucker dazugeben, 5 Minuten kochen lassen und danach heiß in Gläser abfüllen. Die Gläser fest verschließen, umdrehen und 5 Minuten auf dem Deckel stehen lassen.

GESUNDHEITSTIPP:

Der Kürbis stärkt die Abwehrkräfte. Dazu tragen vor allem die Vitamine A, C und E sowie die Spurenelemente Selen und Zink bei.

Kürbis-Ingwer-Konfitüre

80 Portionen

1.000 g Kürbisfleisch
1/4 l Multivitaminsaft
2 Zitronen (unbehandelt)
250 g frischer Ingwer (gerieben)
500 g Gelierzucker 2 : 1

Zubereitungszeit:
1 Stunde

Haltbarkeit:
6 Monate

SERVIERTIPP:
Hübsch dekoriert ist ein Glas mit selbst gemachter Marmelade immer ein schönes Geschenk.

Nährwerte
pro Portion (25 g):

Kalorien	32
Eiweiß	0,2 g
Fett	0,1 g
Kohlenhydrate	7,6 g
Ballaststoffe	0,1 g
Broteinheiten	0,6
Vitamin A	0,029 mg
Vitamin C	2,3 mg
Vitamin E	0,015 mg

Das Kürbisfleisch würfeln und mit dem Multivitaminsaft in einen großen Topf füllen. 15 – 20 Minuten unter ständigem Rühren kochen lassen und dann pürieren (Mixstab). Den geriebenen Ingwer, die geriebenen Zitronenschalen und den Saft der Zitronen, sowie den Gelierzucker hinzufügen und weiter köcheln lassen. Gelierprobe machen und die heiße Masse in Gläser füllen. Gläser gut verschließen. Gläser für etwa 5 Minuten umdrehen – somit ist die Konfitüre vakuumverschlossen und es gibt keinen Schimmel. Abkühlen lassen und lagern.

GESUNDHEITSTIPP:

Seit alten Zeiten wird die gepulverte Ingwerwurzel vielen Speisen als Magenstimulans zugesetzt. Die Verträglichkeit ist sehr gut. Zur Diätkost für Magenkranke und Schwangere wird die sparsame Verwendung geraten.

Kürbis pikant

34 Portionen

2.000 g Kürbis (orange)
2 Peperoni
4 Paprika (rot, gelb, grün)
6 Schalotten, 2 Knoblauchzehen
einige Sellerieblätter
0,5 l Essig, 1,5 l Wasser
400 g Zucker, 7 TL Salz
1 TL Curry, 2 Pkg. Einlegegewürz

Zubereitungszeit:
1 Stunde

Haltbarkeit:
6 Monate

Zubereitungstipp:
Werden die Peperoni gegen Chili-Schoten ausgetauscht, erzielt man einen feurig-würzigen Geschmack.

Nährwerte
pro Portion (150 g):

Kalorien	71
Eiweiß	1,1 g
Fett	0,2 g
Kohlenhydrate	15,2 g
Ballaststoffe	1,1 g
Broteinheiten	1,3
Vitamin A	0,154 mg
Vitamin C	33 mg
Vitamin E	0,508 mg

Kürbis, Peperoni und Paprika in Würfel schneiden. Die Schalotten in Ringe und den Knoblauch und die Sellerieblätter klein schneiden. Essig, Wasser, Zucker, Salz, Curry und Einlegegewürz aufkochen. Die übrigen Zutaten beimengen und einmal stark aufkochen lassen. Heiß in Twistgläser bis zum Rand füllen und verschließen.

GESUNDHEITSTIPP:

Kürbisse enthalten sehr große Mengen Karotin und auch Kieselsäure. Durch den hohen Kaliumgehalt wirken sie entwässernd und harntreibend.

Die Schalotte ist eine Kulturart des Lauchs und besticht durch ihren milden Geschmack. Sie wird wie Zwiebel verwendet. Schalotten enthalten Kalium, Eisen, Zink, Mangan und Sulfide. Hoch ist auch der Gehalt an Quercetin, ein Pflanzenschutzstoff, der unter anderem vor der Entstehung von Krebskrankheiten schützen kann.

Kürbissalat süß-sauer

18 Portionen

1.000 g Kürbis, 2 Paprika
3 mittelgroße Zwiebeln
1 Peperoni
3/4 l Wasser, 1/4 l Weinessig
1 TL Einlegegewürz
3 TL Salz, 200 g Zucker

Zubereitungszeit:
40 Minuten

Haltbarkeit:
4 – 6 Monate

SERVIERTIPP:
Schmeckt köstlich zu den verschiedensten Gerichten – unbedingt ausprobieren!

Nährwerte
pro Portion (150 g):

Kalorien	69
Eiweiß	1,1 g
Fett	0,2 g
Kohlenhydrate	14,7 g
Ballaststoffe	1,2 g
Broteinheiten	1,2
Vitamin A	0,145 mg
Vitamin C	31,6 mg
Vitamin E	0,482 mg

Das Gemüse schälen, die Kerne wo nötig entfernen und zerkleinern. Wasser, Essig und Gewürze aufkochen lassen und dabei das Gemüse kurz mitkochen. Noch heiß in Gläser füllen und gut verschließen.

GESUNDHEITSTIPP:

Kürbis stärkt die Blase von Mann und Frau. Die Kürbiskerne sind ein bekanntes Naturheilmittel gegen Prostatabeschwerden.

In der Küche steht die Speisezwiebel dem Knoblauch an Wert kaum nach. Zwiebeln verleihen den verschiedensten Gerichten einen vorzüglichen Geschmack, regen die Verdauung an und fördern die Gesundheit!

Pikanter Zucchinisalat

17 Portionen

1.000 g Zucchini
3 große Zwiebeln
2 rote Paprika, 100 g Sellerie
1/4 l Wasser, 1/2 l milder Essig
3 TL Salz, 4 Knoblauchzehen
1 TL Senfkörner, 1 TL Neugewürz
1 TL Pfefferkörner, 2 Lorbeerblätter
180 g Kristallzucker

Zubereitungszeit:
1 Stunde

Haltbarkeit:
6 Monate

SERVIERTIPP:
Zu allen Wild- und Fleischgerichten eine Köstlichkeit!

Nährwerte pro Portion (150 g):

Kalorien	71
Eiweiß	1,6 g
Fett	0,4 g
Kohlenhydrate	13,6 g
Ballaststoffe	1,6 g
Broteinheiten	1,1
Vitamin A	0,079 mg
Vitamin C	35,2 mg
Vitamin E	0,757 mg

Zucchini waschen und gegebenenfalls schälen und entkernen. Zucchini und Zwiebeln in dünne Scheiben hobeln, Paprika in feine Streifen schneiden, Sellerie schälen und dünn hobeln. Das Gemüse miteinander vermengen. Wasser, Essig, Salz, Knoblauch, Gewürze und Zucker gemeinsam aufkochen lassen. Das Gemüse beigeben und ca. 8 Minuten kochen lassen. In Gläser füllen und gut verschließen.

GESUNDHEITSTIPP:

Die Zwiebel zählt zu den bekanntesten Küchengewürzen und ist besonders wertvoll. Ihre Inhaltsstoffe sind herzstärkend, regen den Stoffwechsel an, wirken sich positiv auf Magen und Darm aus und stärken dort die Abwehrkräfte.

Pilze in Essig

10 Portionen

1 l Essigwasser
1 EL Salz
1 TL Pfefferkörner
1 TL Gewürznelken
1 EL Senfmehl
10 Pilze (ca. 1.000 g)

Gesalzenes Essigwasser mit Pfefferkörnern, Gewürznelken und Senfmehl aufkochen, überkühlen und damit die geputzten und in Einkochgläser geschichteten Pilze übergießen. Die Gläser (mit Pergamentpapier) verschließen. Einen Topf etwa zu einem Viertel mit Wasser füllen und warten, bis das Wasser kocht. Nun die Gläser in den Topf schlichten und im Dunst 20 Minuten leicht kochen lassen. Die Gläser danach an einem kühlen Ort aufbewahren. Die Pilze vor dem Anrichten abschwemmen.

Zubereitungszeit:
1 Stunde

Haltbarkeit:
3 Monate

Zubereitungstipp:
Eignet sich optimal zur Herstellung eines Sülzchens!

GESUNDHEITSTIPP:

Pilze sind kalorienarm, reich an hochwertigem Eiweiß und liefern Ballaststoffe, Vitamine und Mineralstoffe. Wegen ihres Gehalts an Chitin sind sie schwer verdaulich.

Nährwerte
pro Portion (100 g):

Kalorien	15
Eiweiß	2,7 g
Fett	0,2 g
Kohlenhydrate	0,6 g
Ballaststoffe	2 g
Broteinheiten	0
Vitamin A	0,002 mg
Vitamin C	4,9 mg
Vitamin E	0,116 mg

Russenkraut

62 Portionen

3.000 g Weißkraut (Kohl)
1.000 g Zwiebeln
1.000 g Gurken
10 Tomaten
10 grüne Paprika
10 rote Paprika
300 g Salz
2 l Weinessig
1 EL Zucker

Vorbereitungszeit:
24 Stunden

Zubereitungszeit:
40 Minuten

Haltbarkeit:
6 Monate

Nährwerte
pro Portion (150 g):

Kalorien	32
Eiweiß	1,7 g
Fett	0,4 g
Kohlenhydrate	5 g
Ballaststoffe	3,7 g
Broteinheiten	0,4
Vitamin A	0,076 mg
Vitamin C	96,8 mg
Vitamin E	2,2 mg

Das Weißkraut fein schneiden, die Zwiebeln feinblättrig zerteilen, Gurken, Tomaten und Paprika in dünne Streifen schneiden. Diese Menge gut durchmischen, einsalzen und über Nacht stehen lassen. Das Gemenge am nächsten Tag ausdrücken, den Saft abgießen und das Gemüse in Marmeladegläser füllen. Den Weinessig zum Sieden bringen, einen Esslöffel Zucker dazugeben und das Gemüse damit übergießen. Die Gläser luftdicht verschließen und kühl und trocken lagern.

SERVIERTIPP:
Zum Heringsschmaus ein Gedicht!

GESUNDHEITSTIPP:
Kraut ist sehr kalorienarm. Das charakteristische Aroma kommt von den Senfölglykosiden, die antimikrobiell wirken und vor der Entstehung von Krebskrankheiten schützen.

Frisches
Bauern
SAUERKRAUT
Frisches
Bauern
SAUERKRAUT
Frisches
Bauern
SAUERKRA

Sauerkraut

34 Portionen

5.000 g frisches, festes Weißkraut (Kohl)

75 g jodiertes Speisesalz

eine Hand voll Kümmel

eine Hand voll Wacholderbeeren

Zubereitungszeit:

1 – 1,5 Stunden

Haltbarkeit:

etwa 6 Monate

Nährwerte
pro Portion (150 g):

Kalorien	37
Eiweiß	2 g
Fett	0,3 g
Kohlenhydrate	6,1 g
Ballaststoffe	4,3 g
Broteinheiten	0,5
Vitamin A	0,018 mg
Vitamin C	67,4 mg
Vitamin E	2,5 mg

Die Krautköpfe von den äußeren Blättern befreien und halbieren. Der Strunk ist zu entfernen und ein paar große Krautblätter werden beiseite gelegt. Mit einigen dieser Blätter wird zuerst der Boden des Behälters ausgelegt und mit weiteren großen Blättern nach der Zubereitung auch der gefüllte Behälter abgedeckt.

Das Kraut wird in Streifen geschnitten bzw. gehobelt. Eine Lage Kraut kommt in den Behälter. Diese wird nun mit Salz, Kümmel und Wacholderbeeren bestreut und gestampft. Das Kraut soll vom austretenden Saft bedeckt werden. Nun folgt eine weitere Lage mit Kraut, Salz und den Gewürzen, die ebenfalls kräftig gestampft wird. Wiederholt wird der Vorgang so lange, bis der Behälter gefüllt ist. Die letzte Lage wird mit den ganzen Krautblättern bedeckt und beschwert. Dazu eignet sich ein Holzdeckel, der mit Steinen beschwert wird, oder auch ein Gärstein. Wichtig ist das Gewicht, das das Kraut in die Lake drückt.

Bei 18 bis 22 °C liegt die beste Gärtemperatur und diese muss während der dreiwöchigen Gärzeit eingehalten werden.
Fehlgärungen sind dann sehr selten.

Das gesamte eingestampfte Kraut muss von der Salzlake bedeckt sein. Sollte das Kraut zu wenig Saft enthalten um genügend Lake zu gewinnen, kann man mit Salzwasser aufgießen. Der Luftabschluss wird durch die Lake und das Gewicht erzeugt und ist besonders wichtig für das Gelingen.

Lagerung:

Etwa nach drei Wochen kann man das Sauerkraut probieren. Die Gärung dauert meist noch weiter an und man sollte es noch etwa zwei weitere Wochen vor dem Gebrauch weiter lagern.

Lagertemperatur: zwischen 5 und 15 °C. Das Gefäß ist nach der Entnahme immer luftdicht zu verschließen.

Hilfsmittel:

- Krauthobel oder Küchenmaschine
- Holzstampfer oder Ähnliches
- Gefäß aus Holz (kleines Holzfass) oder Steingut (es gibt auch spezielle Gärtöpfe) mit Deckel und Gewichten

GESUNDHEITSTIPP:

Sauerkraut enthält eine Fülle an Vitaminen, Mineralstoffen und Spurenelementen. Es ist ein ausgezeichneter Ballaststofflieferant und dabei auch besonders kalorienarm. Sauerkraut ist gesund und bringt die Verdauung in Schwung!

Senfgurken

16 Portionen

6 mittelgroße Gurken (1.500 g)
1 EL Senfkörner, 1 EL Pfefferkörner
1 TL Dill , 2 Schalotten (25 g)
2 EL Kren (Meerrettich)
1/2 l Weinessig
1 EL Salz, 1/2 l Wasser
Olivenöl

Vorbereitungszeit:
24 Stunden

Zubereitungszeit:
50 Minuten

Haltbarkeit:
6 Monate

SERVIERTIPP:
Passt sehr gut zur Jause!

Nährwerte
pro Portion (100 g):

Kalorien	12
Eiweiß	0,6 g
Fett	0,2 g
Kohlenhydrate	1,7 g
Ballaststoffe	0,5 g
Broteinheiten	0,1
Vitamin A	0,061 mg
Vitamin C	7,7 mg
Vitamin E	0,064 mg

Die Gurken werden geschält, geviertelt und nach der Entfernung des Kerngehäuses in 10 cm lange (fingerdicke) Stücke geschnitten, gesalzen und über Nacht stehen gelassen. Danach schichtet man diese mit Senfkörnern, Pfefferkörnern, Dill, feingehackten Schalotten und in Scheiben geschnittenem Kren in Gläser. Mit Weinessig übergießen und mit Olivenöl abdecken. Die Gläser gut verschließen.

GESUNDHEITSTIPP:

Senfkörner zählen zu den besonders gesunden Würzmitteln und machen vor allem fettreiche Speisen bedeutend verträglicher. Sparsam verwenden!

Pfeffer soll in der Zubereitung von Speisen sparsam verwendet werden. Pfeffer wirkt appetitanregend und verdauungsfördernd. Bei Magenschleimhautentzündungen ist von Pfeffer abzuraten. Die Magensaftsekretion wird schon durch geringe Mengen stark angeregt.

Stachelbeer-Chutney

128 Portionen

250 g Zwiebeln
1.500 g Stachelbeeren
300 g Rosinen
600 g Zucker
2 TL gemahlener Ingwer
2 TL gemahlener Cayennepfeffer
1 EL Salz
1/4 l Wein- oder Kräuteressig
1/4 l Essig

Vorbereitungszeit:
24 Stunden

Zubereitungszeit:
45 Minuten

Haltbarkeit:
6 Monate

Nährwerte
pro Portion (25 g):

Kalorien	33
Eiweiß	0,2 g
Fett	0,1 g
Kohlenhydrate	7,4 g
Ballaststoffe	0,5 g
Broteinheiten	0,6
Vitamin A	0,007 mg
Vitamin C	4,3 mg
Vitamin E	0,088 mg

Die Zwiebeln grob hacken, mit etwas Wasser weich kochen und danach kurz abtropfen lassen.

Zusammen mit den Stachelbeeren, den Rosinen, dem Zucker, dem Ingwer, dem Cayennepfeffer, dem Salz und dem Wein- oder Kräuteressig zu einer dicken Masse einkochen. Den weiteren Essig hinzugeben und noch etwas eindicken. Heiß in Gläser füllen und gut verschließen.

Zubereitungstipp:
Legen Sie die Rosinen in ein Balsamiko-Wasser-Gemisch (1 : 1) und lassen diese über Nacht ziehen. Das ergibt einen außergewöhnlich guten Geschmack!

GESUNDHEITSTIPP:

Rosinen sind getrocknete Weintrauben und enthalten aufgrund des Wasserentzugs viel Fruchtzucker. Sie liefern Ballaststoffe, Kalium, Kalzium, Eisen und Polyphenole.

Tomatenketchup

52 Portionen

500 g Tomaten
250 g grüne Paprika
150 g Zwiebeln
5 Knoblauchzehen
2 EL Salz
1/4 l Würzessig
30 g Paprikapulver
50 g Kräuter (Thymian, Majoran, Oregano, Rosmarin)

Zubereitungszeit:
1 Stunde

Haltbarkeit:
6 – 8 Monate

Nährwerte pro Portion (25 g):

Kalorien	7
Eiweiß	0,4 g
Fett	0,1 g
Kohlenhydrate	1 g
Ballaststoffe	0,5 g
Broteinheiten	0,1
Vitamin A	0,057 mg
Vitamin C	10 mg
Vitamin E	0,218 mg

Die Tomaten werden blanchiert, geschält und klein geschnitten, die Paprika fein zerkleinert, die Zwiebeln gehackt und der Knoblauch gepresst. Die Tomaten werden mit dem Salz im Kochtopf erwärmt. Ziehen lassen und dann pürieren. Anschließend werden die übrigen Zutaten mit den Tomaten gemischt und das Ganze kurz aufgekocht. Noch heiß in Gläser füllen und gut verschließen. Geöffnete Gläser im Kühlschrank lagern!

Zubereitungstipp:
Den Knoblauch zuerst in 1 EL Olivenöl kurz rösten – dann ist er leichter zu verdauen und es entsteht kein Mundgeruch!

GESUNDHEITSTIPP:

Durch den hohen Anteil an Betakarotin und des Karotinoids Lycopin haben Tomaten eine Schutzwirkung vor Krebserkrankungen.

Zucchini süß-sauer

21 Portionen

3.000 g Zucchini
3 Zwiebeln, 10 g Salz

Sirup:
6/10 l Weinessig
6/10 l Wasser, 400 g Zucker
3 TL Curry, 1/2 TL Pfeffer

Vorbereitungszeit:
4 Tage

Zubereitungszeit:
30 Minuten

Haltbarkeit:
4 Monate

SERVIERTIPP:
Eignet sich besonders zu allen asiatischen Gerichten!

Nährwerte pro Portion (150 g):

Kalorien	68
Eiweiß	2,4 g
Fett	0,6 g
Kohlenhydrate	12,8 g
Ballaststoffe	1,7 g
Broteinheiten	1,1
Vitamin A	0,083 mg
Vitamin C	23,4 mg
Vitamin E	0,72 mg

1. Tag: Zucchini halbieren, entkernen und in 3 mm dicke Stücke schneiden. Zwiebeln in Ringe schneiden. Zucchini und Zwiebeln mischen, mit Salz bestreuen und zugedeckt stehen lassen.

2. Tag: Zucchini-Mischung gut mit Wasser abspülen und abtropfen lassen. Die Sirup-Zutaten aufkochen und über die Zucchini-Mischung gießen. Zugedeckt stehen lassen.

3. Tag: Zucchini abgießen, den Sirup nochmals aufkochen und wieder über die Zucchini gießen. Zugedeckt stehen lassen.

4. Tag: Alles zusammen aufkochen, 2 Minuten köcheln lassen und heiß in Gläser füllen. Die Zucchini müssen gänzlich mit Flüssigkeit bedeckt sein. Eventuell noch etwas Sirup nachkochen. Die Gläser sofort gut verschließen.

GESUNDHEITSTIPP:

Die Zwiebel ist ein wichtiger Bestandteil der Volksmedizin. So wird die Wirkung bei Wasseransammlungen im Körper, zur Wundheilung als Auflage und sogar als Vorbeugungsmittel bei Grippe und Schnupfen gelobt. Bei Insektenstichen hilft das Auflegen einer halbierten Zwiebel.

Zucchinigemüse

19 Portionen

2.000 g Zucchini
4 rote Paprika
3 Peperoni mild oder scharf je nach Geschmack (evtl. aus dem Glas)
4 große Zwiebeln
1 l Weißweinessig oder Apfelessig
1/2 l Wasser
400 g Zucker
1 1/2 EL Gurken-Einmachgewürz
1 TL Senfkörner
1 TL Kurkumawurzel gemahlen
5 gehäufte TL Salz

Zubereitungszeit:
1 Stunde

Haltbarkeit:
6 – 8 Monate

Nährwerte pro Portion (150 g):

Kalorien	72
Eiweiß	2,2 g
Fett	0,5 g
Kohlenhydrate	14,1 g
Ballaststoffe	2,5 g
Broteinheiten	1,2
Vitamin A	0,090 mg
Vitamin C	61,6 mg
Vitamin E	1,3 mg

Die Zucchini gut waschen, aber nicht schälen und nur das feste Fleisch ohne Kerne verwenden. Die Zucchini, Paprika, und Peperoni in Streifen, die Zwiebeln in Ringe schneiden. Dann Essig, Wasser, Zucker, Salz und Gewürze in einen großen Topf geben, zuletzt das geschnittene Gemüse dazu. Alles zusammen 10 Minuten kochen lassen. Anschließend das heiße Gemüse in vorbereitete Gläser geben, mit dem Sud auffüllen und die Gläser sofort verschließen. Das Zucchini-Gemüse schmeckt sehr gut und ist schon nach zwei Tagen essfertig.

SERVIERTIPP:

Eignet sich als Beigabe zu Salaten (z. B. Nudelsalat) oder zur Jause anstelle von Essiggurken.

GESUNDHEITSTIPP:

Wer Speisen mit Peperoni würzt, regt damit den Kreislauf an, stärkt das Herz und kurbelt die körpereigenen Abwehrkräfte an.

Kurkuma hat eine intensiv gelbe Farbe, die von dem Farbstoff Curcumin herrührt, einem sekundären Pflanzeninhaltsstoff, der zu den Radikalfängern zählt. Kurkuma ist hauptsächlich gemahlen erhältlich.

Zucchini mit Kräutern

8 Portionen

1.000 g Zucchini, 200 g Zwiebeln
4 Knoblauchzehen
je 1 Stängel Rosmarin, Thymian, Dill
1 l Weinessig, 1/2 l Wasser
1 EL Salz, 100 g Honig
1 TL Pfefferkörner
1 TL Pimentkörner
1 TL Koriander, 1 TL Fenchel

Vorbereitungszeit:
24 Stunden

Zubereitungszeit:
1 Stunde

Haltbarkeit:
8 Monate

Nährwerte
pro Portion (150 g):

Kalorien	60
Eiweiß	2,7 g
Fett	0,8 g
Kohlenhydrate	10 g
Ballaststoffe	2,3 g
Broteinheiten	0,8
Vitamin A	0,074 mg
Vitamin C	22,6 mg
Vitamin E	0,648 mg

Die Zucchini waschen, gegebenenfalls schälen und entkernen. Diese dann in etwa 0,5 cm dicke Scheiben schneiden. Die Zwiebeln und den Knoblauch schälen und in Ringe bzw. Stücke schneiden. Alles zusammen mit den Kräutern in Schraubgläser schichten.

Den Essig mit einem 1/2 l Wasser, dem Salz, dem Honig und den Gewürzen aufkochen und über die Zucchinischeiben gießen. Die Gläser abdecken.

Am nächsten Tag die Flüssigkeit abgießen, erneut aufkochen und kochendheiß über die Zucchini gießen. Die Gläser sofort verschließen und dunkel und kühl lagern.

GESUNDHEITSTIPP:

Die wertvollen Inhaltsstoffe machen den Knoblauch zu einem pflanzlichen Antibiotikum bei entzündlichen Erkrankungen im Magen-Darm-Trakt. Knoblauch ist nützlich zur Vorbeugung und Behandlung von Alterungsprozessen des Gefäßsystems (Arteriosklerose).

Drinks

fruchtig und geistig

Brombeerlikör

52 Portionen

300 g vollreife Brombeeren
130 g Kandiszucker
1 Vanillestange
600 ml Wodka

Vorbereitungszeit:
1 Woche

Zubereitungszeit:
30 Minuten

Haltbarkeit:
6 Monate

SERVIERTIPP:
In eine dekorative Flasche gefüllt, eignet sich der Likör als kleines Mitbringsel.

Nährwerte
pro Portion (2 cl):

Kalorien	39
Eiweiß	0,1 g
Fett	0,1 g
Kohlenhydrate	2,7 g
Ballaststoffe	0,4 g
Broteinheiten	0,2
Vitamin A	0,003 mg
Vitamin C	0,99 mg
Vitamin E	0,042 mg

Die sauberen, trockenen Brombeeren abwechselnd mit dem Kandiszucker in ein Einmachglas füllen. Die halbierte und längs aufgeschnittene Vanillestange und den Wodka hinzugeben. Das Glas gut verschließen und den Inhalt kräftig durchschütteln. Das Glas an einen sonnigen Platz stellen und öfters schütteln. Nach etwa einer Woche in eine gut gereinigte Flasche umfüllen und gut verschließen.

GESUNDHEITSTIPP:

Aus gesundheitlicher Sicht ist bei der Brombeere der Gehalt an sekundären Pflanzeninhaltsstoffen besonders hervorzuheben.

Holunderblütensaft

169 Portionen

7 – 10 Holunderblüten
50 g Zitronensäure
2 ganze Zitronen, unbehandelt
2 l Wasser, 2.000 g Zucker
1 Pkg. Einsiedehilfe

Vorbereitungszeit:
48 Stunden

Zubereitungszeit:
30 Minuten

Haltbarkeit:
6 Monate

Zubereitungstipp:
Fügen Sie noch 2 unbehandelte und in Scheiben geschnittene Orangen hinzu – das ergibt eine besonders wohlschmeckende Variante!

Nährwerte
pro Portion (24 g):

Kalorien	50
Eiweiß	0,02 g
Fett	0 g
Kohlenhydrate	12 g
Ballaststoffe	0,06 g
Broteinheiten	1
Vitamin A	0 mg
Vitamin C	1,672 mg
Vitamin E	0,01 mg

Holunderblüten, Zitronensäure, Zitronen (in Scheiben geschnitten) und Wasser in einen großen Topf geben und 24 Stunden kühl stehen lassen. Dann abseihen und Zucker und Einsiedehilfe beigeben. Wieder 24 Stunden kühl stehen lassen. In Flaschen füllen und verschließen.

SERVIERTIPP:
Etwas Sirup in den Sekt oder Prosecco eignet sich als Aperitif!

GESUNDHEITSTIPP:
In den Blüten des Holunders befinden sich wertvolle ätherische Öle und Pflanzenfarbstoffe. Die getrocknete Holunderblüte wirkt, als Tee zubereitet, schweißtreibend und vorbeugend gegen Erkältungskrankheiten.

Kalter Ribiselsaft

232 Portionen

2.000 g Ribiseln (Johannisbeeren)
50 g Zitronensäure
2.000 g Zucker
1,5 l Wasser
1 Pkg. Einsiedehilfe

Vorbereitungszeit:
24 Stunden

Zubereitungszeit:
30 Minuten

Haltbarkeit:
8 Monate

SERVIERTIPP:
Ein erfrischendes Getränk für das ganze Jahr!

Nährwerte pro Portion (24 g):

Kalorien	40
Eiweiß	0,2 g
Fett	0 g
Kohlenhydrate	9,2 g
Ballaststoffe	0,6 g
Broteinheiten	0,8
Vitamin A	0,002 mg
Vitamin C	3,2 mg
Vitamin E	0,062 mg

Die Ribiseln abrebeln, mit der Zitronensäure vermischen und in einem Gefäß 24 Stunden stehen lassen. Erst dann den Zucker dazugeben und einrühren, bis dieser sich aufgelöst hat. Das Wasser abkochen und ausgekühlt in die Masse geben. Einsiedehilfe einrühren. Abseihen und durch ein Sieb passieren. Danach in dunkle Flaschen füllen und gut verschließen.

GESUNDHEITSTIPP:

Der saure Geschmack der Ribisel stammt von dem hohen Gehalt an Fruchtsäuren, vor allem Zitronensäure.

Melissensaft

254 Portionen

3 l Wasser, 3.000 g Zucker
2 Teller voll Zitronenmelisse
2 Zitronen (unbehandelt)
2 Orangen (unbehandelt oder geschält)
100 g Zitronensäure

Vorbereitungszeit:
36 Stunden

Zubereitungszeit:
20 Minuten

Haltbarkeit:
12 Monate

SERVIERTIPP:
Ein erfrischendes Sommergetränk – am besten mit Mineralwasser gemischt!

Nährwerte pro Portion (24 g):

Kalorien	50
Eiweiß	0 g
Fett	0 g
Kohlenhydrate	11,8 g
Ballaststoffe	0 g
Broteinheiten	1
Vitamin A	0 mg
Vitamin C	0 mg
Vitamin E	0 mg

Wasser, Zucker und die gewaschene Zitronenmelisse in einen großen Topf geben. Zitronen und Orangen in Scheiben schneiden und hinzufügen. Topf auf den Herd stellen, Saft aufkochen und 2 – 3 Minuten kochen lassen. Vom Herd nehmen und die Zitronensäure einrühren (Saft sollte dabei nicht mehr kochen). Topf zudecken und 36 Stunden stehen lassen.

Danach das Ganze durch ein Tuch abseihen, den Saft in saubere Flaschen füllen und diese gut verschließen.

GESUNDHEITSTIPP:

Für die Zubereitung von Sirup wird die Zitronenmelisse verwendet, die aufgrund ihrer ätherischen Öle stark nach Zitronen duftet. Die Melisse wirkt als Heilkraut beruhigend und entspannend. Die Blätter mit dem Melissenöl müssen vor der Blüte geerntet werden. Man bereitet aus den schonend getrockneten Melissenblättern Tee.

Waldmeisterwein

8 Portionen

40 g Waldmeisterblüten
20 g Zucker
3 Orangenscheiben
1 l trockener Weißwein

Waldmeister mit Zucker und Orangenscheiben in ein weithalsiges Glasgefäß geben, mit Weißwein übergießen. Nach 12 Stunden abseihen und weitere 12 Stunden ziehen lassen. Danach durch Filterpapier gießen und in eine vorbereitete Flasche füllen. Die Flasche gut verschließen und kühl lagern.

Vorbereitungszeit:
24 Stunden

Zubereitungszeit:
30 Minuten

Haltbarkeit:
6 Monate

Zubereitungstipp:
Der Waldmeisterwein, nach einer Mahlzeit getrunken, fördert die Verdauung. Wenn der Waldmeisterwein einfach zum Genuss, zum Beispiel als Aperitif, getrunken werden soll, so genügt es, ein paar Zweige der Pflanze in einen halben Liter trockenen Weißwein zu hängen. Nach 5 bis 6 Stunden nimmt man das Kraut heraus und stellt den Wein kühl. Er schmeckt köstlich, soll aber frisch getrunken werden.

Nährwerte pro Portion (1/8 l):

Kalorien	103
Eiweiß	0,1 g
Fett	0 g
Kohlenhydrate	5,7 g
Ballaststoffe	0 g
Broteinheiten	0,5
Vitamin A	0 mg
Vitamin C	0 mg
Vitamin E	0 mg

GESUNDHEITSTIPP:

Waldmeister hilft bei Beschwerden im Magen- und Darmbereich, wirkt schweißtreibend, beruhigend, blutreinigend und stärkt die Nerven. Neben verschiedenen Inhaltsstoffen ist vor allem das Cumaringlykosid (spaltet beim Trocknen Cumarin ab) von besonderer Bedeutung. Vorsicht: Zu viel Waldmeisterwein verursacht Kopfschmerzen!

Gesund leben nach Kneipp
Kneipp Bund
Die Kneippbewegung gibt es auf der ganzen Welt, die 3 größten Verbände befinden sich in Österreich, Deutschland und in der Schweiz. An die 1.000 lokale Kneipp-Vereine oder Aktiv-Clubs bieten ihren Mitgliedern das Kneipp-Gesundheitsprogramm an: In Kursen kann man die Kneipp-Wasseranwendungen erlernen.
Zum Kneipp-Programm gehören auch eine gesunde Ernährung, die Verwendung von Heilkräutern, viel Bewegung und eine Lebensordnung, die die Basis für ein Bestehen in allen Lebenslagen bietet. Viele Kneipp-Aktiv-Clubs bieten Fastengruppen an.
50.000 Mitglieder gehören dem Österreichischen Kneippbund an,
160.000 dem Deutschen Kneippbund e. V. und
16.000 dem Schweizer Kneippverband.
Wir laden auch Sie ein, Mitglied der Kneippbewegung zu werden!
Fordern Sie kostenlos unsere Informationsbroschüren an.
Interessenten wenden sich an:
Österreichischer Kneippbund
Kunigundenweg 10 · A-8700 Leoben · Tel.: (0 38 42) 2 17 18 · FAX: DW 19
Internet: www.kneippbund.at · E-Mail: office@kneippbund.at
Kneipp-Bund e.V., Deutschland
Adolf-Scholz-Allee 6 – 8 · D-86825 Bad Wörishofen · Tel.: (0 82 47) 30 02-0
Internet: www.kneippbund.de · E-Mail: kneippbund@t-online.de
Schweizer Kneippverband
Weissensteinstraße 35 · CH-3007 Bern · Tel.: (0 31) 3 72 45 43
Internet: www.kneipp.ch · E-Mail: info@kneipp.ch
Kleine Dosis täglich –
große Wirkung ein Leben lang!